Min tospråklige bildebok

Моя двомовна книжка з малюнками

Sefas vakreste barnehistorier i ett bind

Ulrich Renz • Barbara Brinkmann:

Sov godt, lille ulv · Солодких снів, маленький вовчику

For barn fra 2 år

Cornelia Haas • Ulrich Renz:

Min aller fineste drøm · Мій найпрекрасніший сон

For barn fra 2 år

Ulrich Renz • Marc Robitzky:

De ville svanene · Дикі лебіді

Etter et eventyr av Hans Christian Andersen

For barn fra 5 år

© 2024 by Sefa Verlag Kirsten Bödeker, Lübeck, Germany. www.sefa-verlag.de

Special thanks to Paul Bödeker, Freiburg, Germany

All rights reserved.

ISBN: 9783756305148

Les · Lytt · Forstå

Oversettelse:

David Immanuel Glathe (norsk)

Svetlana Hordiyenko, Lesya and Maryna Skintey (ukrainsk)

Lydbok og video:

www.sefa-bilingual.com/bonus

Gratis tilgang med passordet:

norsk: **LWNO2324**

ukrainsk: **LWUK3020**

God natt, Tim! Vi fortsetter å lete i morgen.
Sov godt nå!

На добраніч, Тіме! Ми пошукаємо завтра.
А зараз солодких снів!

Utenfor er det allerede mørkt.

Надворі вже темно.

Hva holder Tim på med der?

Що там робить Тім?

Han går ut til lekeplassen.

Hva leter han etter?

Він йде надвір до дитячого майданчика.

Що він там шукає?

Lille ulv!

Uten den kan han ikke sove.

Маленького вовчика!

Без нього він не може заснути.

Hvem er det som kommer der?

Хто там іде?

Marie! Hun leter etter ballen sin.

Марійка! Вона шукає свій м'яч.

Og hva er det Tobi leter etter?

А що шукає Тобі?

Gravemaskinen sin.

Свій екскаватор.

Og hva er det Nala leter etter?

А що шукає Нала?

Dukken sin.

Свою ляльку.

Burde ikke barna vært i seng?
Katten undrer seg.

Хіба не треба дітям спати?
Дуже здивувалася кицька.

Hvem er det som kommer der?

А хто там ще іде?

Mammaen og pappaen til Tim!
De får ikke sove uten Tim-en sin.

Тіміні мама і тато!
Без Тіма вони не можуть заснути.

Og der kommer det enda flere! Marie sin pappa.

Tobis bestefar og Nala sin mamma.

А ось ще хтось іде! Марійчин тато.

Тобін дідусь. І Налина мама.

Nå er det rett til sengs!

А зараз мерщій у ліжко!

God natt, Tim!
I morgen trenger vi ikke lete likevel.

На добраніч, Тіме!
Завтра ми вже не повинні нічого шукати.

Sov godt, lille ulv!

Солодких снів, маленький вовчику!

Cornelia Haas • Ulrich Renz

Min aller fineste drøm

Мій найпрекрасніший сон

Oversettelse:

Werner Skalla, Jan Blomli, Petter Haaland Bergli (norsk)

Valeria Baden (ukrainsk)

Lydbok og video:

www.sefa-bilingual.com/bonus

Gratis tilgang med passordet:

norsk: **BDNO2324**

ukrainsk: **BDUK3020**

Lulu får ikke sove. Alle andre drømmer allerede – haien, elefanten, den lille musa, dragen, kenguruen, ridderen, apen, piloten. Og løveungen. Til og med bamsen kan nesten ikke holde øynene åpne …

Du bamse, kan du ta meg med inn i drømmen din?

Лулу не спиться. Усі інші вже бачать сни:
і акула, і слон, і маленька мишка, і дракон, і кенгуру, і лицар, і мавпа, і пілот. І левеня. Навіть у ведмежатка заплющуються очі...

Гей, Ведмедику, візьмеш мене до свого сну?

Og med det er Lulu allerede i bamsenes drømmeland. Bamsen fanger fisk i Tagayumisjøen. Og Lulu lurer på hvem som bor der oppe i trærne? Når drømmen er over, vil Lulu oppleve enda mer. Bli med, vi skal hilse på haien! Hva drømmer han om?

І от Лулу в країні сновидінь ведмедя. Ведмедик ловить рибу в озері Тагаюмі. Та Лулу питає себе, хто би міг жити зверху на деревах? Сон закінчився, але Лулу хоче ще більше пригод. Давай навідаємося до акули! Що може їй снитися?

Haien leker sisten med fiskene. Endelig har han venner! Ingen er redde for de spisse tennene hans.

Når drømmen er over, vil Lulu oppleve enda mer. Bli med, vi skal hilse på elefanten! Hva drømmer han om?

Акула грає з рибами у квача. Нарешті у неї є друзі! Ніхто не боїться її гострих зубів.

Сон закінчивя, але Лулу хоче більше пригод. Давай навідаємося до слона! Що може йому снитися?

Elefanten er lett som en fjær og kan fly! Snart lander han på skyene. Når drømmen er over, vil Lulu oppleve enda mer. Bli med, vi skal hilse på den lille musa! Hva drømmer hun om?

Слон – легкий, як пір'їнка, і може літати! Ось він приземляється на небесну галявину.
Сон закінчився, але Лулу хоче ще більше пригод. Давай навідаємося до маленької мишки! Що може їй снитися?

Den lille musa ser seg om på tivoli. Hun liker best berg- og dalbanen. Når drømmen er over, vil Lulu oppleve enda mer. Bli med, vi skal hilse på dragen! Hva drømmer han om?

Маленька мишка спостерігає за ярмарком. Найбільше їй подобаються американські гірки.

Сон закінчився, але Лулу хоче ще більше пригод. Давай навідаємося до дракона! Що може йому снитися?

Dragen er tørst etter å ha sprutet ild. Helst vil han drikke opp hele sjøen med brus.

Når drømmen er over, vil Lulu oppleve enda mer. Bli med, vi skal hilse på kenguruen! Hva drømmer han om?

Дракона мучить спрага, бо він довго плювався вогнем. Він готовий випити ціле озеро лимонаду.
Сон закінчився, але Лулу хоче ще більше пригод. Давай навідаємося до кенгуру! Що може йому снитися?

Kenguruen hopper gjennom godterifabrikken og stapper pungen sin full. Enda flere av de blå dropsene! Og enda flere kjærlighet på pinne! Og sjokolade!

Når drømmen er over, vil Lulu oppleve enda mer. Bli med, vi skal hilse på ridderen! Hva drømmer han om?

Кенгуру стрибає по кондитерській фабриці та набиває собі повну сумку. Ще більше синіх солодощів! І ще льодяників! І шоколаду! Сон закінчився, але Лулу хоче ще більше пригод. Давай навідаємося до лицаря! Що може йому снитися?

Ridderen er i kakekrig mot drømmeprinsessen sin. Oi! Kremkaken bommer!

Når drømmen er over, vil Lulu oppleve enda mer. Bli med, vi skal hilse på apen! Hva drømmer han om?

Лицар влаштовує тортовий бій із принцесою своєї мрії. Ой, лишенько! Повз пролітає вершковий торт!

Сон закінчився, але Лулу хоче ще більше пригод. Давай навідаємося до мавпи! Що може їй снитися?

Endelig har snøen kommet til apelandet! Hele apegjengen er ute og gjør apestreker.

Når drømmen er over, vil Lulu oppleve enda mer. Bli med, vi skal hilse på piloten! I hvilken drøm har han landet?

Нарешті у країні мавп випав сніг! Уся мавпяча зграя з'їхала з глузду та вчинила балаган.

Сон закінчився, та Лулу хоче ще більше пригод. Давай навідаємося до пілота! У якому сні він приземлився?

Piloten flyr og flyr. Til verdens ende, og videre helt til stjernene. Ingen pilot har klart dette før ham.

Når drømmen er over, er alle veldig trøtte og vil ikke oppleve så mye mer. Men løveungen vil de likevel hilse på. Hva drømmer han om?

Пілот летить і летить. До краю землі та ще далі до зірок. Це не вдавалося жодному пілотові.

Коли сон закінчився, всі були втомлені й не хотіли більше ніяких пригод. Але до левенятка все ж вирішили навідатися. Що може йому снитися?

Løveungen har hjemlengsel og vil tilbake til den varme, deilige senga si. Det vil de andre også.

Og da begynner ...

Левенятко сумує за домівкою та хоче назад у своє тепле і затишне ліжко.
Та й усі інші також.

І тоді починається ...

... Lulus
aller fineste drøm.

... найпрекрасніший сон Лулу.

Ulrich Renz • Marc Robitzky

De ville svanene

Дикі лебіді

Oversettelse:

Ursula Johanna Aas (norsk)

Vsevolod Orlov (ukrainsk)

Lydbok og video:

www.sefa-bilingual.com/bonus

Gratis tilgang med passordet:

norsk: **WSNO2324**

ukrainsk: **WSUK3020**

Ulrich Renz · Marc Robitzky

De ville svanene

Дикі лебіді

Etter et eventyr av

Hans Christian Andersen

+ audio   + video

norsk   tospråklig   ukrainsk

Det var en gang tolv kongsbarn – elleve brødre og en storesøster. Hun het Elisa. De levde lykkelig i et vidunderlig slott.

Давним-давно жили-були у короля дванадцять дітей–одинадцять братів та їхня старша сестра Еліза. Вони жили щасливо у прекрасному палаці.

En dag døde moren, og en stund senere giftet kongen seg på nytt. Men den nye konen var en ond heks. Hun forhekset de elleve prinsene til svaner og sendte dem langt av gårde, til et fjernt land på den andre siden av den store skogen.

Одного дня королева померла, і через деякий час король одружився вдруге. Але нова дружина була злобною відьмою. Вона зачарувала одинадцять принців, перетворивши їх на лебедів, та відправила їх у далеку країну, яка знаходилася біля дрімучого лісу.

Jenta kledde hun i filler og smurte ansiktet hennes inn med en stygg salve, slik at hennes egen far ikke lenger kjente henne igjen og jaget henne ut fra slottet. Elisa løp inn i den mørke skogen.

Дівчинку вона одягнула у лахи та вилила на її лице гидку мазь так, що навіть рідний батько не впізнав її та вигнав із замку. Еліза втекла у темний ліс.

Nå var hun helt alene og lengtet av hele sitt hjerte etter sine forsvunne brødre. Da det ble kveld, lagde hun seg en seng av mose under trærne.

Там була вона зовсім самотня і всім серцем сумувала за своїми зниклими братами. Увечері вона зробила під деревами ліжко з моху.

Neste morgen kom hun til en blikkstille innsjø og ble forskremt da hun så speilbildet sitt i vannet. Etter at hun hadde fått vasket seg, ble hun det vakreste kongsbarn på jorden.

Наступного ранку вона прийшла до тихого озера та, побачивши своє відображення, злякалась. Вона вмилася і знов стала найкрасивішою принцесою у всьому світі.

Etter mange dager kom hun fram til havet. På bølgene gynget elleve svanefjær.

Минуло декілька днів, та Еліза дійшла до великого моря, на хвилях якого гойдалися одинадцять лебедів.

Ved solnedgang kjentes et brus i luften, og elleve ville svaner landet på vannet. Elisa gjenkjente sine forheksede brødre med en gang. Men fordi de bare snakket svanespråket, kunne hun ikke forstå dem.

Як зійшло сонце, вона почула шум—то одинадцять диких лебедів опустилися на воду. Еліза одразу ж впізнала своїх зачарованих братів, але вона не могла зрозуміти їх, бо вони говорили лебединою мовою.

Om dagen fløy svanene bort, men om natten krøp alle søsknene tett sammen i en grotte.

En natt drømte Elisa noe merkelig: Moren hennes fortalte henne hvordan hun kunne befri brødrene sine. Av brennesle skulle hun strikke en skjorte til hver svane og kaste dem over dem. Men fram til da måtte hun ikke si et eneste ord, ellers ville brødrene hennes dø.
Elisa startet å arbeide med en gang. Selv om hendene hennes sved som ild, strikket hun iherdig videre.

Удень лебеді зникали, а вночі брати та сестра ніжно притискалися один до одного у печері.

Якось вночі Елізі наснився дивний сон: її мати сказала їй, як вона може звільнити братів від чар. Вона мала виплести з кропиви по сорочці для кожного лебедя та накинути їх на них. Але до того часу з її вуст не має вилетіти жодного слова, інакше її брати загинуть.
Еліза одразу ж взялася до роботи. Хоча її руки пекло вогнем, вона невтомно плела.

En dag lød det jakthorn i det fjerne. En prins kom ridende med følget sitt, og om ikke lenge sto han foran henne. De ble forelsket i hverandre ved første blikk.

Одного дня десь вдалині залунав мисливській ріг. Принц зі своїми підданими прискакав на коні та вже незабаром стояв перед Елізою. Як тільки вони подивились один одному в вічі, то одразу ж закохалися.

Prinsen løftet Elisa opp på hesten sin og red med henne til slottet sitt.

Принц посадив Елізу на свого коня та поскакав із нею у свій палац.

Den mektige skattmesteren var ikke særlig begeistret for den tause skjønnhetens ankomst. Han hadde tenkt seg sin egen datter som brud for prinsen.

Але могутній радник принца аж ніяк не радів приїзду мовчазної красуні, тому що його власна донька мала стати нареченою принца.

Elisa hadde ikke glemt brødrene sine. Hver kveld jobbet hun videre med skjortene. En natt gikk hun ut på kirkegården for å hente frisk brennesle. Skattmesteren hold øye med henne i skjul.

Еліза не забула про своїх братів. Кожен вечір вона продовжувала плести сорочки. Якось вночі вона пішла на цвинтар нарвати свіжої кропиви, а радник непомітно стежив за нею.

Straks prinsen var på en jaktutflukt, kastet skattmesteren Elisa i en celle. Han påsto at hun var en heks, som møtte andre hekser om natten.

Коли принц поїхав на полювання, радник кинув Елізу у темницю. Радник заявив, що вона відьма, яка по ночах зустрічається з іншими відьмами на цвинтарі.

I grålysningen neste morgen ble Elisa hentet av vaktene. Hun skulle bli brent på torget.

На світанку Елізу схопили вартові. Її мали спалити на ринковій площі.

Bålet brant allerede lystig da elleve svaner plutselig kom flygende. Fort kastet Elisa en skjorte over hver av dem. Snart sto alle brødrene foran henne, forvandlet tilbake som mennesker igjen. Bare den minste hadde en vinge istedenfor en arm siden skjorten hans ikke hadde blitt helt ferdig.

Ледь вона опинилася там, як раптом прилетіли одинадцять білих лебедів. Еліза швидко накинула на кожного панцир-сорочку. Перед нею встали всі її брати у людській подобі. Тільки у наймолодшого, чия сорочка була недоплетена, замість однієї руки було лебедине крило.

Mens søsknene klemte og kysset hverandre, kom prinsen tilbake. Endelig kunne Elisa forklare ham alt sammen. Prinsens lot den onde skattmesteren settes i fengsel. Deretter feiret de bryllup syv dager til ende.

Og er de ikke døde, så lever de ennå.

Коли повернувся принц, обіймам та поцілункам сестри та братів не було кінця. Нарешті Еліза змогла все розповісти йому. Принц наказав кинути злого радника до в'язниці. А потім усі сім днів святкували весілля.

І жили вони довго та щасливо.

Hans Christian Andersen

Hans Christian Andersen was born in the Danish city of Odense in 1805, and died in 1875 in Copenhagen. He gained world fame with his literary fairy-tales such as „The Little Mermaid", „The Emperor's New Clothes" and „The Ugly Duckling". The tale at hand, „The Wild Swans", was first published in 1838. It has been translated into more than one hundred languages and adapted for a wide range of media including theater, film and musical.

Barbara Brinkmann ble født i München i 1969 og vokste opp ved foten av de bayerske Alpene. Hun studerte arkitektur i München og er for tiden forskningsassistent. Hun frilanser som grafisk designer, illustratør og forfatter.

Cornelia Haas ble født i nærheten av Augsburg (Tyskland) i 1972. Hun studerte design ved Høgskolen i Münster og avsluttet studiene med diplom. Siden 2001 har hun illustrert barne- og ungdomsbøker. Siden 2013 har hun undervist i akryl- og digitalt maleri ved Høgskolen i Münster.

Marc Robitzky, born in 1973, studied at the Technical School of Art in Hamburg and the Academy of Visual Arts in Frankfurt. He works as a freelance illustrator and communication designer in Aschaffenburg (Germany).

Ulrich Renz ble født i Stuttgart (Tyskland) i 1960. Etter å ha studert fransk litteratur i Paris avsluttet han medisinstudiene i Lübeck og arbeidet som daglig leder i et vitenskapelig forlag. I dag er Renz forfatter. Utover fagbøker skriver han barne- og ungdomsbøker.

Liker du å tegne?

Her finner du alle bildene fra historien til å fargelegge:

www.sefa-bilingual.com/coloring

www.ingramcontent.com/pod-product-compliance
Lightning Source LLC
LaVergne TN
LVHW070444080526
838202LV00035B/2724